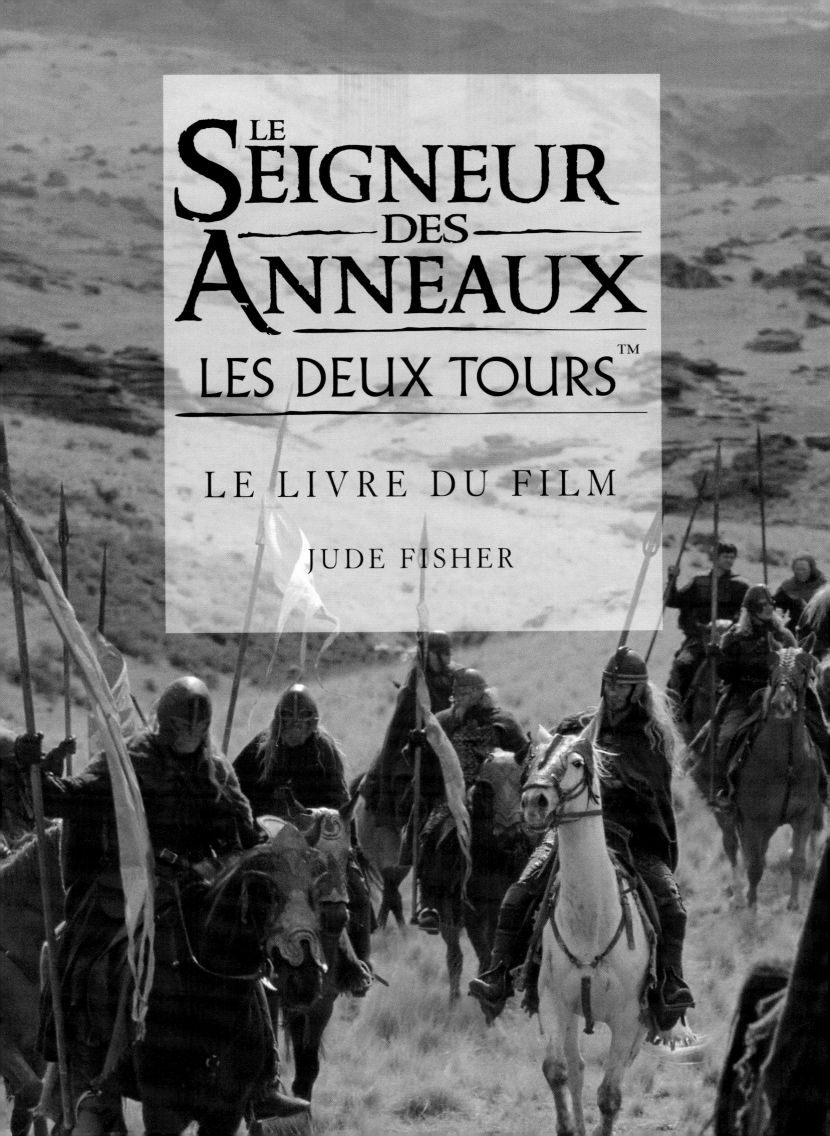

LE SEIGNEUR DES ANNEAUX

LES DEUX TOURS™

LE LIVRE DU FILM

JUDE FISHER

INTRODUCTION

VIGGO MORTENSEN

L'excellent livre du film *Les Deux Tours*, que l'on doit à Jude Fisher, n'a pas plus besoin d'introduction que l'ouvrage tout aussi instructif qu'elle consacra à *La Communauté de l'Anneau*. Pourtant la chance d'y ajouter une préface s'est présentée à nous, et l'on peut espérer que ces quelques mots supplémentaires ne nuiront en rien à son travail.

Les Deux Tours, deuxième partie de la trilogie cinématographique de Peter Jackson adaptée de la grande épopée qu'est *Le Seigneur des Anneaux*, sort aujourd'hui dans un monde qui n'est pas plus sûr que celui qui vit l'année dernière la diffusion de *La Communauté de l'Anneau*. Tolkien écrivit son chef-d'œuvre à une époque en proie comme la nôtre à la terreur, à la guerre et à l'incertitude. Source d'inspiration pour Tolkien, les grands poètes nordiques et les auteurs de sagas de l'Islande médiévale connaissaient eux-mêmes la dictature et vivaient en des temps très durs. Il semblerait, même à partir d'une lecture rapide de l'histoire du monde, qu'il n'y a rien de nouveau sous le soleil, surtout dans le domaine de l'horreur, et que nous devrons peut-être toujours nous confronter aux impulsions destructrices, qu'elles soient en nous ou chez autrui. Mais rien ne nous empêche de faire un effort pour que cela change, de travailler à trouver une voie meilleure.

« *Comment est-il possible qu'une souffrance qui ne soit ni mienne ni de ma préoccupation doive immédiatement m'affecter comme si elle était mienne ?* »
Schopenhauer

Dans le meilleur des cas, nous comprenons à titre individuel et collectif, à l'instar de la Communauté, que seules la vigilance et la compassion consciente peuvent déboucher sur une coexistence pacifique. La compassion envers soi-même et les autres, surtout ceux qui sont résolus à nous faire du mal. Cela ne veut pas dire que nous devons nous faire piétiner et éliminer en tant qu'individus, races ou nations. Quelles que soient les difficultés, il est important de se défendre soi-même et de défendre les autres contre l'oppression. « Il est convenable de se faire humble, mais en même temps tu dois faire preuve de hardiesse si l'on te met à l'épreuve », conseille un père à son fils s'apprêtant à partir dans l'une des sagas les plus anciennes et les plus connues. Les êtres les mieux éclairés de la Terre du Milieu de Tolkien sont conscients de l'ubiquité du bien et du mal qui existe chez voisins, étrangers ou adversaires – et

LE SEIGNEUR DES ANNEAUX

LES DEUX TOURS™

LE LIVRE DU FILM

LE PRÉ AUX CLERCS

surtout chez eux-mêmes. Il n'y a pas vraiment d'avenir pour qui prône en permanence « œil pour œil ». Si nous devions tous régulièrement suivre une méthode aussi rigide, nous ne tarderions pas à être aveugles, comme le dit Gandhi. Il faut choisir ses combats et ne se battre que lorsque c'est inévitable.

« Le bien et le mal n'ont pas changé depuis les temps jadis ; ils ne sont pas non plus une chose chez les Elfes et les Nains, et une autre parmi les Hommes.
Il revient à l'homme de les discerner tant dans le Bois doré que dans sa propre demeure. »
Aragorn à Éomer

Alors que l'histoire de J.R.R. Tolkien prend de l'élan et acquiert de la complexité dans *Les Deux Tours*, la situation devient de plus en plus périlleuse pour la Communauté, désormais fragmentée, et les êtres bien intentionnés de la Terre du Milieu. L'espoir est une flamme si faible, si vacillante, que même les plus sages et les plus valeureux redoutent de la voir s'éteindre au matin. Pourtant, Frodo ne faiblira pas plus dans sa quête solitaire que Sam dans sa détermination altruiste à assister le Porteur de l'Anneau au cours de son périple vers la Montagne du Destin. De même, Merry et Pippin lutteront toujours pour survivre et rendre service à leurs amis, et à tous ceux qui se dressent contre Sauron et ses serviteurs. Dans les coins les plus isolés de Rohan, le Roi Théoden et son peuple, brave mais largement dépassé en nombre, pourront compter sur le courage de Gimli, de Legolas et d'Aragorn dans leur combat désespéré contre la terrible armée de Saroumane. Gandalf lui-même sortira d'un oubli apparent pour prêter sa sagesse éternelle et ses pouvoirs d'inspiration à la Communauté et à tous les Peuples libres de la Terre du Milieu.

5

« Il est vraiment sage, celui qui a voyagé au loin et connaît les mœurs du monde.
Celui qui a voyagé peut dire quel esprit gouverne les hommes qu'il rencontre. »
Extrait des Hávamál, d'après la traduction de Björn Jónasson.

Comme d'habitude, on ignore si le sacrifice de quelques braves suffira à inspirer la foi chez d'autres et, en fin de compte, à inverser le cours des choses et mettre hors d'action les forces qui nous asserviraient tous. Une paix durable, cela n'existe probablement pas plus qu'un jardin qui n'a besoin ni d'eau ni d'entretien. Narrateurs et histoires diffèrent, mais la possibilité de faire le bien et le mal ne varie pas. Il ne peut y avoir de « rafistolage » ni de réponse permanente et facile aux problèmes d'aujourd'hui et de demain. Un glaive est un glaive, rien de plus. L'espoir, la compassion et la sagesse née de l'expérience sont, pour la Terre du Milieu comme pour notre monde, les armes les plus puissantes dont nous disposons.

« Toutes choses sont liées comme le sang qui nous unit tous. L'homme ne tisse pas l'étoffe de la vie ;
il n'en est qu'un fil. Et ce qu'il fait à ce fil, il le fait à lui=même. »
Chef Seattle

Namarië !

ERIADOR

MINAIRIATH

GWATHLO (FLOT GRIS)

DUNLAND

ENEDWAITH

ISEN

GLANDM

ADORN

MONTS BRUMEUX

METHEDRAS

ORTHANC NAN CURUNIR

ISENGARD

DOL BARAN

TROUÉE DE ROHAN   WESTFOLDE

FORÊT DE FANGORN

OUEST
EMNET

GOUFFRE DE HELM

EST
EMNET

LIMECLAIRE

LE PLATEAU

CHAMP
DU
CÉLEBRANT

RHOVAN

LES
TERRES
BRUNES

ROHAN

ENTUOADE

EDORAS

SNOWBOURN

DUNHARROW

STARKHORN

EREC
H

TARLANG'S
NECK

MORTHOND

KIRIL

LAMEDON

CALEMBEL
RINGLO

ETHRING

ENTWASH

FASTFOLDE

SARN
GEBIR

RAVROS

NEN HITHOEL

EMYN MUIL

ANORIEN

DAGORLAD

MARAIS
DES
MORTS

MORANNO

NINDALF

CAIR
ANDROS

NEN
NARDOLUM
EHU

MINAS
TIRITH

MINAS
MORGUL

EMYN
ARNEN

ITHILIEN

MONTAGNES
BLANCHES

LEFNOI

PINNATA GELIN

ANFALAS

G O N D O R

LOSSARNACH

SERNI

GILRAIN

LEBENNIN

LIRIS

PELARGIR

ANDUIN LE GRAND FLEUVE

POROS

DOR-EN-ERNIL

LINHIR

DOL AMROTH

BELFALAS

BAIE DE BELFALAS

TOLFALAS

ARONDOR

UMBAR

HAVRES D'UMBAR

CITÉ DES
CORSAIRES

ROHAN
ET
GONDOR

TELLE EST L

SOIXAN

LA DISSOLUTION DE LA COMMUNAUTÉ

« Un Anneau pour les gouverner tous. Un Anneau pour les trouver,

Un Anneau pour les amener tous et dans les ténèbres les lier. »

Le Hobbit Frodo Sacquet, jeune neveu de Bilbo Sacquet, a hérité d'une mission périlleuse : il doit empêcher l'Anneau Unique – objet ancien chargé de pouvoirs terribles et maléfiques – de revenir à son maître, Sauron, le Seigneur des Ténèbres, en l'emportant vers le sud et l'est, vers Mordor, le Pays de l'Ombre, afin de l'y détruire dans la Montagne du Destin, où il fut conçu. L'Anneau souhaite toutefois toujours retrouver celui qui l'a forgé et doté de force vitale et de malignité ; et l'œil sans paupière de Sauron recherche à tout jamais l'Anneau. Ses hordes d'Orques et d'autres monstres parcourent la Terre du Milieu, apportant ombre et destruction dans les royaumes des Hommes, des Nains et des Elfes. De sa demeure, dans ce paisible village de la Comté qu'est Hobbitebourg, jusqu'à Bree, puis Fondcombe, dernier refuge des Elfes de la Terre du Milieu, Frodo a voyagé avec l'Anneau : c'est là que se joint à lui une Communauté de compagnons qui proposent de l'accompagner dans sa quête : Aragorn, fils d'Arathorn ; Boromir, fils de Denethor de Gondor ; Legolas, fils de Thranduil, roi des Elfes de la Forêt Noire ; Gimli, fils de Glóin, grand Nain-guerrier ; les Hobbits Meriadoc Brandebouc, Peregrin Touque et Sam Gamegie ; et le mage Gandalf le Gris.

Mais la Communauté est aujourd'hui dissoute. À Khazad-dûm, Gandalf s'est perdu en un combat désespéré contre un Balrog – un ancien démon du feu. Sur l'Amon Hen, Boromir a cédé au pouvoir corrompu de l'Anneau et tenté de l'arracher à Frodo, pour l'utiliser au nom de son propre peuple dans sa guerre contre Sauron, plutôt que de le voir détruit. Conscient du danger que représentait l'Anneau, même pour ses compagnons, Frodo décida d'agir seul ; mais Sam Gamegie se lança à la poursuite de son ami, et les deux Hobbits se dirigèrent bravement vers Mordor pour mener à bien leur mission. C'est du moins ce qu'ils croyaient, car les suivait quelqu'un qui voulait l'Anneau pour lui seul.

Le reste de la Communauté fut attaqué par les Uruk-hai de Saroumane, envoyés pour récupérer l'Anneau et son porteur, et les ramener au seigneur d'Isengard. Au lieu de s'emparer de Frodo et de l'Anneau, ils enlevèrent Merry et Pippin, même si Boromir mourut en tentant vaillamment de les défendre. C'est ainsi que la Communauté fut dissoute ; après avoir livré le corps de Boromir à la grâce du Grand Fleuve Anduin, en le déposant sur un bateau elfique juste au-dessus des Chutes de Rauros, Aragorn, Legolas et Gimli furent confrontés à un choix terrible : fallait-il suivre Frodo et Sam, et chercher comme eux à détruire l'Anneau, ou tenter de délivrer les deux Hobbits captifs ?

Après la chute de Gandalf dans les ténèbres, la direction de la Communauté échut à Aragorn, ce qui n'est que justice, car s'il porte les habits simples d'un Rôdeur, il est en fait le Roi Perdu

de Gondor. Aragorn décida qu'au lieu d'abandonner Merry et Pippin à leur triste sort, ils se devaient de poursuivre les Uruk-hai qui les avaient enlevés. Frodo et Sam continueraient seuls leur quête longue et incertaine.

C'est un voyage qui, tandis qu'ils se dirigent vers le Pays de l'Ombre, entraînera les deux Hobbits dans des paysages rudes et des terres inhospitalières où les serviteurs du Seigneur des Ténèbres sont omniprésents. À chaque pas que Frodo fait en direction des portes de Mordor, l'Anneau, qu'il porte à une chaîne autour du cou, se fait plus lourd, plus pesant, faisant décliner ses forces et sa volonté.

De part et d'autre du Grand Fleuve Anduin, juste au-dessus des Chutes de Rauros, le paysage présente des crêtes et des plissements entrecoupés de ravins innombrables. À l'horizon de l'est, une chaîne de montagnes sombres, semblables à des crocs de carnassier : cent vingt kilomètres de terrain rocheux les séparent des Hobbits. C'est une zone frontalière connue sous le nom d'Emyn Muil, parsemée de ruines anciennes, vestiges des grands travaux de Gondor.

C'est parmi ces falaises enveloppées de brume que Frodo et Sam vont affronter le sournois personnage qui les talonne depuis plusieurs jours.

GOLLUM

« Plus rusé qu'un renard et aussi glissant qu'un poisson. »

Une présence menaçante suit les membres de la Communauté depuis l'instant où ils ont pénétré dans les Mines de la Moria, une présence attirée par le pouvoir maléfique de l'Anneau. Cette créature sournoise, c'est Gollum ; mais quand Frodo et Sam sont séparés de leurs compagnons sur les pentes rocheuses et désolées de l'Emyn Muil, ils parviennent enfin à le repérer, rampant parmi les rochers à la recherche de l'Anneau.

Il est difficile de croire, quand on voit cette créature pâle et maigre, avec ses doigts et ses orteils longs et préhensiles, ses yeux globuleux, qu'il fut, jadis, lui aussi un Hobbit. Son nom était alors Sméagol. Il ne venait pas de la paisible Comté, mais des terres de l'est qui bordent le Grand Fleuve Anduin quand il traverse le champ de bataille des Champs d'Iris. C'est là que les Orques tendirent une embuscade fatale à Isildur, le Roi des Hommes, qui emportait avec lui l'Anneau Unique, arraché de la main de Sauron en personne. C'est là que l'Anneau fut perdu : il tomba dans la boue, au fond du fleuve, et y demeura des milliers d'années jusqu'à ce jour où Sméagol et son ami Déagol allèrent à la pêche. Déagol harponna un grand poisson, qui le fit tomber de son embarcation, et quand il refit surface, il tenait à la main un anneau d'or. Sméagol désira aussitôt cet objet étincelant ; comme Déagol refusait de le lui donner, Sméagol étrangla son ami et emporta l'Anneau en prétendant que c'était son « cadeau d'anniversaire ».

« *Partout où nous allions, la Face jaune nous regardait, jusqu'à ce que nous trouvâmes un trou et le suivîmes au cœur de la montagne, et dans l'obscurité nous avons oublié le son des arbres, le goût du pain, la douceur du vent… même notre propre nom.* »

C'est ainsi que l'Anneau commença à exercer une influence funeste sur le Hobbit, qui se mit à faire des gargouillis dans sa gorge, de sorte qu'on ne le connut plus que sous le nom de « Gollum ». L'Anneau lui fit redouter la lumière et le grand air, fuir le soleil, et se cacher dans le réseau de grottes au cœur des Monts Brumeux : il vivait de poissons crus et de tout ce qu'il attrapait dans des lacs souterrains. Gollum vécut là, seul avec l'Anneau qu'il appelait son *Trésor*, jusqu'au jour où Bilbo Sacquet le rencontra par hasard. L'Anneau, alors toujours désireux de retrouver le Seigneur des Ténèbres, s'arrangea pour s'introduire dans les affaires de Bilbo ;

ce dernier l'emporta donc chez lui, dans la Comté. Furieux que l'Anneau le quitte ainsi, Gollum fut contraint de quitter sa retraite obscure et de revenir dans le monde pour récupérer son bien. Mais, en émergeant des grottes souterraines, Gollum fut capturé par les serviteurs du Seigneur des Ténèbres et mis au cachot sous la tour de Barad-dûr. Il y fut torturé quand Sauron voulut savoir où était l'Anneau, mais il réussit à s'échapper. Depuis, il ne cesse de traquer son Trésor.

« *Non, non, Maître ! Ne lui prenez pas son Trésor ! Il nous dévorera tous s'il l'a, il dévorera le monde entier !* »

Une fois Gollum attrapé, « domestiqué », attaché par la corde de *hithlain* que Sam avait reçue dans la Forêt d'Or, Frodo se retrouva au sein d'une étrange alliance, car Gollum et lui avaient le même objectif : empêcher l'Anneau Unique de tomber dans les mains du Seigneur des Ténèbres. De plus, Frodo avait besoin d'un guide au Pays de l'Ombre, et seul Gollum savait comment pénétrer dans Mordor.

LES MARAIS MORTS

« Lumières trompeuses ! Chandelles de cadavres ! Lueurs mauvaises ! »

À l'est de l'Emyn Muil s'étend une zone marécageuse qui, au cours des trois derniers millénaires, a recouvert le champ de bataille de Dagorlad. C'est le site du dernier grand conflit contre Sauron, le Seigneur des Ténèbres : l'Armée des Ombres fut défaite, et ce fut le début du Troisième Âge de la Terre du Milieu. Conduits par Gollum, Frodo et Sam doivent se frayer un chemin parmi ces étangs, sans céder à la sinistre fascination des morts que l'on peut entrevoir dans ces eaux troubles. Prisonniers de leurs armures, leurs chevelures d'argent entremêlées d'algues, il semble que gisent là des milliers de guerriers – Hommes, Elfes ou Orques –, avec leurs visages spectraux, leurs corps bouffis et pâles. Tout autour, d'étranges lueurs – des feux follets –, pareilles à des bougies vacillantes, peuvent donner envie de s'écarter du droit chemin : quiconque fera cela s'enfoncera alors dans la tourbière et périra noyé.

« Il ne faut pas les regarder quand les bougies sont allumées… »

ITHILIEN

Afin d'éviter une confrontation directe avec les armées du Seigneur des Ténèbres – les Orques, Ceux de l'Est et les Mûmakil, réunis au Morannon, les Portes Noires de Mordor –, Frodo, Sam et Gollum doivent atteindre indirectement leur destination et passer par le sud pour pénétrer en Ithilien, ce pays qui sépare Gondor et Mordor. C'était à l'origine le territoire d'Isildur, fils d'Elendil, Roi des Hommes, mais sa proximité avec Mordor a fait que le pays est depuis longtemps déserté par ses habitants. Comme les voyageurs se frayent un chemin parmi les pentes boisées, les prairies riches en garennes et en fleurs sauvages, les chutes d'eau et les ruisseaux rapides, ils tombent sur les vestiges de ce qui fut une grande civilisation : d'anciennes routes aujourd'hui envahies par les herbes, de grandes statues jetées à terre et couronnées de ronces. C'est une contrée triste et charmante, que ne foulent plus que les compagnies de Rôdeurs qui cherchent à empêcher les Orques et les autres créatures des montagnes d'atteindre Gondor.

FARAMIR

Faramir est le deuxième fils de Denethor, intendant de Gondor, et le frère cadet de Boromir. Homme grave et imposant, il est le capitaine d'un groupe de Rôdeurs qui font prisonniers Frodo et Sam alors qu'ils traversent Ithilien, territoire situé entre Gondor et Mordor. Cet adorable pays boisé est envahi par les Orques et d'autres ennemis alors que les forces obscures de Sauron pénètrent toujours plus loin dans les terres des Hommes. Capitaine des Rôdeurs de l'Ithilien, c'est à Faramir qu'il revient de patrouiller dans cette région frontalière dangereuse, de protéger de son mieux Gondor de ces bandes en maraude ainsi que des espions du Seigneur des Ténèbres.

« Depuis la perte de Boromir, il accomplit le devoir de deux fils… »

Même avant de faire prisonniers Sam et Frodo et d'apprendre la vérité, Faramir s'est douté de la perte de son aîné, Boromir. Faramir est un homme sensible, sujet aux rêves prémonitoires, et au cours d'un tel rêve, il a « vu » flotter sur le Grand Fleuve Anduin la petite embarcation elfique où Aragorn, Gimli et Legolas ont déposé le corps de leur compagnon défunt : à son réveil, il a compris que son frère était mort. Cela lui fut confirmé quelques jours

« *Pour lui-même… et celui qui ne reviendra pas…* »

plus tard quand la corne parée d'argent que portait Boromir au titre d'aîné de sa famille fut rejetée sur la rive, fendue en deux. On disait de cette corne légendaire que si l'on soufflait dedans à l'intérieur des anciennes frontières du royaume de Gondor, son appel ne resterait pas sans réponse. Mais quand Boromir tomba sous les flèches des Uruk-hai en voulant défendre Merry et Pippin, ce fut en dehors des limites du vieux royaume, et l'écho de la corne fut trop faible, trop distant.

Leur père est le Seigneur Denethor, intendant de Gondor, membre d'une longue lignée qui a toujours préparé le royaume au retour de l'héritier d'Isildur. Denethor attend désespérément des nouvelles de son fils aîné, et son mépris pour son fils cadet est un fardeau que Faramir a du mal à supporter.

Comme son frère, Faramir est tenté de s'emparer de l'Anneau pour le mettre au service de son propre peuple. C'est parmi les ruines de l'antique ville d'Osgiliath que Faramir doit décider quel sera le destin de l'Anneau et de son porteur, Frodo Sacquet. L'avenir des Peuples libres de la Terre du Milieu repose dans ses mains.

MERRY, PIPPIN ET LES URUK-HAI

« Tuez-les tous, mais pas les Semi-Hommes… Ils détiennent quelque arme elfique.

Le Maître la veut pour la guerre… »

Quand les Uruk-hai attaquèrent la Communauté, sur les pentes de l'Amon Hen, Meriadoc Brandebouc et son cousin, Peregrin Touque, se défendirent vaillamment bien que ce fût la première fois qu'ils portaient les armes au combat. Aragorn et Gimli affrontèrent les Orques en un terrible corps à corps, à l'épée et à la hache, et Legolas se révéla impitoyable grâce à son arc de guerre elfique. En dépit de la bravoure des compagnons, les Uruk-hai furent trop nombreux et trop forts, et la Communauté fut dissoute. Lurtz, le redoutable chef des Uruk-hai, fit tomber une pluie de flèches qui tua Boromir, fils de Denethor ; puis les assaillants s'emparèrent de Merry et de Pippin parce qu'ils appartenaient à la race des Semi-Hommes, plus connus sous le nom de

18

Hobbits. Leur maître, Saroumane le Blanc, les avait chargés de retrouver un certain Hobbit porteur d'un objet rare et puissant, et de les ramener tous deux à Isengard ; mais ne connaissant ni l'identité du Hobbit en question ni la nature de l'objet convoité, ils pensèrent par erreur que Merry ou Pippin était le Hobbit qu'ils recherchaient.

« Nous sommes les combattants Uruk=hai… les serviteurs de Saroumane le Sage, la Main Blanche… »

Les Uruk-hai de Saroumane ont été formés pour être puissants, rapides, brutaux. Ces créatures, pourvues de petits yeux, d'une peau noire et de muscles puissants, sont nées dans les cavernes, sous la forteresse d'Isengard ; elles furent torturées afin de forger leur esprit cruel et nourries de choses indicibles. Les Uruk-hai portent sur eux la marque de Saroumane : une main blanche sur le visage ou sur l'écu. Infatigables, déterminés, ils peuvent courir de jour comme de nuit, contrairement aux autres Orques qui détestent les rayons du soleil et leur préfèrent l'obscurité. Leur chef – maintenant que Lurtz gît aux pieds d'Aragorn – a pour nom Uglúk. Leur petite taille fait que les Hobbits sont faciles à porter, et les Uruk-hai progressent rapidement vers leur but.

LA FORÊT
DE FANGORN

« Cette forêt est ancienne, très ancienne, et pleine de souvenirs… »

Au sud des Monts Brumeux s'étend une région boisée très ancienne, vestige des vastes forêts qui jadis, aux Temps Anciens, recouvraient toute cette partie du pays. Quand on s'y trouve, elle peut paraître obscure, inhospitalière, pleine d'ombres et de formes étranges. Les arbres s'alignent, en rangs serrés, dans toutes les directions ; certains sont grands, minces et droits, et leurs branches lestes se tendent vers la lumière, tandis que d'autres sont ratatinés et courbés par les siècles, avec leur écorce striée et éraflée. Nombre d'entre eux sont recouverts de lichen, et cela leur fait de grandes barbes ; d'autres sont revêtus de feuilles brunes et sèches, et leurs longues branches ressemblent à des doigts. On peut parfois croire qu'ils bougent, non pas à la façon d'arbres soumis au vent, mais de leur propre volonté. C'est un lieu étrange pour le voyageur qui ne le connaît pas bien et dangereux pour celui qui ne respecte pas les arbres. Dans la Forêt de Fangorn, il n'est pas sage de couper du bois pour allumer un feu de camp.

« Saroumane aimait à marcher dans ces bois,

mais son esprit n'est plus aujourd'hui que roues et métal. »

Au sud, de la fumée s'élève des fabriques d'Isengard. Ici, la grande forêt a été débitée : les souches des arbres en marquent les pentes ravagées. Le mage Saroumane, Chef de l'Ordre des Istari, venu en Terre du Milieu pour aider les Peuples libres, a été corrompu par sa soif de connaissance et de puissance, et il désire à présent défier le Seigneur des Ténèbres en personne. Obéissant d'abord aux ordres de Sauron puis poussé par sa propre ambition, il a systématiquement détruit les forêts proches de sa forteresse d'Isengard afin d'alimenter en bois ses nombreux projets guerriers : bois de chauffage pour les feux où sont forgées les lames et les sombres armures destinées à sa grande armée, bois de construction réservé aux tours d'assaut, aux échelles et aux béliers. Les arbres de Fangorn et leurs protecteurs, les mystérieux Ents, ne pardonneront pas une telle destruction.

LES ENTS

« Avant que le fer ne fût trouvé ou l'arbre abattu,

Quand la montagne était jeune sous la lune ;

Avant que l'Anneau ne fût forgé ou le malheur ourdi,

Il parcourait les forêts du temps jadis. »

Dans la Forêt de Fangorn, Merry et Pippin – qui ont échappé à leurs ravisseurs – vont rencontrer l'un des plus anciens et des plus étonnants habitants de la Terre du Milieu. Parce qu'il est aussi grand, aussi tordu et aussi couvert de mousse et de lichen, il serait facile de le prendre pour un arbre. Mais Sylvebarbe, ou Fangorn (car il partage son nom avec la forêt qu'il arpente), est un membre des Onodrim, ou Ents – ces gardiens et protecteurs des grandes forêts de la Terre du Milieu.

22

« La plus vieille créature vivante qui marche encore sous le soleil sur cette Terre du Milieu. »

Sylvebarbe est le plus vieux et le plus sage des Ents : depuis trois Âges, il parcourt la Terre du Milieu, soigne les arbres et voit aller et venir les peuples du monde à qui il enseigne les mœurs des plantes, des arbres et des fleurs.

Le nom de Ent fut donné aux Onodrim par les habitants de Rohan, pour qui ce mot signifie « géant » ; géants, ils le sont en effet, puisqu'ils mesurent près de cinq mètres de haut. Ils sont revêtus d'une matière rappelant l'écorce – grise, brune, verte, ridée et craquelée par le temps. Leurs doigts sont comme de petites branches et leurs grands pieds possèdent sept longs orteils ratatinés tout à fait semblables à des racines. Les Ents sont très lents dans leurs mouvements et leurs réflexions. Une réunion de la Chambre des Ents (leur conseil, en quelque sorte) dure plusieurs jours, car ils étudient sérieusement chaque problème ; mais s'ils se mettent en colère, leur fureur est formidable ; combinée à leur ancienne force, ni forteresse ni armée ne peut leur résister. Les Ents de Fangorn ne voient pas d'un bon œil les ravages de Saroumane le Blanc, qui a privé leur race des forêts entourant Isengard, les déracinant pour ainsi dire d'un lieu où ils vivaient en paix depuis des siècles.

LE MAÎTRE D'ISENGARD

« Le Mage blanc est rusé… »

Saroumane le Blanc, premier des mages Istari venus en Terre du Milieu pour guider les Peuples libres et les protéger du pouvoir maléfique de Sauron, Seigneur de Mordor, a lui-même développé un grand appétit pour la puissance. Depuis de longues années, il étudie les méthodes du Seigneur des Ténèbres, décrypte les textes anciens pour y trouver une connaissance cachée, s'approprie des objets magiques et se prépare à passer à l'action. Son bastion d'Isengard, dont l'acquisition déjà ancienne fait partie de son

du royaume de Rohan, est aujourd'hui une base d'où jaillira l'ennemi. Car, dans les cavernes cachées sous ce bastion, Saroumane a créé une armée d'Uruk-hai : il a croisé des Orques avec des Gobelins pour les rendre puissants, cruels et infatigables. Il les a marqués de son signe, la Main Blanche, et ces créatures errent librement aux alentours d'Isengard et tuent selon leur gré.

« … ses espions sont partout. »

Ayant appris de Gandalf le Gris les déplacements de l'Anneau Unique, Saroumane est bien décidé à l'acquérir et à l'utiliser à ses propres fins. Il a envoyé ses meilleurs Uruk-hai capturer le Hobbit Frodo Sacquet, le Porteur de l'Anneau ; mais quand ils rencontrent la Communauté, sous Amon Hen, Frodo leur échappe : Merry et Pippin sont faits prisonniers.

Contrecarré dans ses projets, Saroumane va lancer sa monstrueuse armée composée d'Uruk-hai, de Sauvages, d'Orques et de Wargs sur le royaume de Rohan, le pays qu'il a affaibli de l'intérieur grâce à son espion, Gríma Langue de Serpent, qui a empoisonné l'esprit du Roi Théoden, le rendant incapable de toute action et de toute décision.

vaste projet, est situé en un lieu stratégique : il contrôle la Trouée de Rohan entre les Montagnes Blanches et les Monts Brumeux ; et ce qui était jadis une forteresse, bâtie pour assurer la sécurité

LE PALANTÍR

Les palantíri sont des pierres de vision : ces huit boules de cristal légendaires, fabriquées par les Elfes, permettent à quiconque jouissant d'une forte volonté de voir des scènes éloignées dans le temps et l'espace, surtout si c'est à proximité d'une autre pierre de vision. La plupart ont été perdues au fil des siècles, mais l'une d'elles est arrivée entre les mains de Sauron, ce qui rend les autres pierres d'un usage délicat. Une autre se cachait à Orthanc, où Saroumane l'avait trouvée avant de chercher à la maîtriser, ce qui l'a rendu sensible à l'influence de Sauron.

L'OMBRE
DE SAROUMANE

Saroumane a établi des fabriques et des fonderies à Isengard – des fours, des forges et des arsenaux pour façonner les armures, les armes et les machines de guerre –, transformant un superbe paysage riche en vallées boisées et en ruisseaux tumultueux, en une terre dévastée où ne poussent que les ronces et les mauvaises herbes. Des troncs pourrissants témoignent de la mort des arbres abattus pour nourrir ses feux infernaux. Une fumée malodorante flotte dans le ciel autour d'Orthanc et empoisonne l'air qu'on respire. Les déprédations de Saroumane sont visibles de loin : elles rappellent constamment aux Ents les crimes perpétrés sur leurs pupilles, les arbres, et avertissent les Seigneurs à cheval de Rohan des dangers tapis à leur porte.

LA POURSUITE

Après le conflit sous l'Amon Hen au cours duquel fut dissoute la Communauté de l'Anneau, Aragorn prit une décision difficile : au lieu d'accompagner le Porteur de l'Anneau et Sam Gamegie, il tentera, avec Legolas et Gimli, de rattraper et de secourir les Hobbits captifs, Merry et Pippin, en les arrachant aux griffes de leurs ravisseurs Uruk-hai.

« Quelque mal donne de l'agilité à ces créatures

et oppose sa volonté à la nôtre. »

Les Uruk-hai qui se dirigent vers le nord-ouest, vers Isengard et leur maître, le mage Saroumane le Blanc, ont été dotés de puissance et de rapidité ; contrairement aux autres Orques, ils ne redoutent pas le soleil. Leurs poursuivants doivent les suivre des jours et des nuits durant, en terrain difficile, s'ils veulent sauver leurs amis.

« Où la vue fait défaut, la terre peut nous lancer sa rumeur :

elle doit gémir sous leurs pieds abhorrés. »

Trois jours et trois nuits amènent Aragorn, Legolas et Gimli dans les plaines de Rohan, où ils découvrent un tas encore fumant de cadavres d'Orques et d'Uruk-hai, preuve qu'un massacre a été perpétré par des assaillants inconnus. Mais nulle trace des Hobbits enlevés. À l'intérieur de la Forêt, cependant, se tient une réunion remarquable et inattendue.

GANDALF LE BLANC

« Je reviens à vous à présent que la chance a tourné. »

Alors que la Communauté, poursuivie par des hordes d'Orques, fuyait à travers les Mines de la Moria – l'ancien royaume des Nains –, un grondement se fit entendre dans le lointain ; puis le sol se mit à trembler et des langues de feu apparurent dans le labyrinthe des tunnels. L'air s'échauffa. Une créature de l'ancien monde avait été réveillée : un démon du feu, un Balrog connu sous le nom de Fléau de Dürin. Terrifiés par sa présence, les Orques s'éparpillèrent par centaines dans les salles de Khazad-dûm. Il arriva enveloppé de feu, une fumée noire flottant autour de son corps sombre et de sa tête dotée de cornes. Armé d'une épée flamboyante et d'un fouet aux multiples lanières, il s'élança vers eux.

Gandalf le Gris ordonna aux membres de la Communauté de se sauver en franchissant le pont étroit jeté sur l'abîme tandis que lui-même attendait pour retenir le démon. Bien à l'abri du côté de Dimrill, la Communauté vit le Balrog se dresser au-dessus du mage. Au feu du démon répondit le feu blanc de Glamdring, l'épée de Gandalf. Ils virent le mage frapper le pont de son bâton et le briser. Alors le Balrog, dans sa chute, enroula son fouet autour des jambes du mage et l'entraîna avec lui. Comme ils ne voyaient plus rien, ils le crurent perdu.

Mais Gandalf ne périt point. S'il tomba avec le Balrog, bien plus bas que la terre vivante, jusqu'aux plus profondes fondations de pierre, il ne cessa de lutter. Quand les eaux glacées les engloutirent tous deux, elles éteignirent le feu du Balrog, et Gandalf le pour-

30

suivit à travers les tunnels les plus sombres . Le démon s'enfuit devant le mage, empruntant les chemins secrets de Khazad-dûm jusqu'à atteindre l'Escalier sans Fin qui amena les deux combattants au sommet de la tour de Dürin, taillée dans le rocher de Zirak-zigil. Là, quand l'escalier ressortit au grand air à une hauteur surprenante au-dessus des brumes du monde, le feu du Balrog revint à la vie. Gandalf le combattit longuement : il semblait que le feu et l'éclair frappaient la montagne, mais finalement le démon tomba dans le vide et trouva la mort.

Sur cette froide montagne, tandis que les étoiles tournoyaient dans le ciel, les ténèbres réclamaient Gandalf. Il gisait là, perdu et coincé, hors du temps et de la pensée. Mais il ne mourut pas, car sa mission en Terre du Milieu n'était pas encore accomplie. Quand Aragorn, Legolas et Gimli cherchent les Hobbits perdus dans la forêt de Fangorn, ils tombent sur un vieil homme qu'ils prennent d'abord pour Saroumane car, sous ses habits déchirés, il est tout de blanc vêtu. Blancs également ses cheveux, sa barbe et son bâton. Une lueur brille dans son œil.

Gandalf le Gris n'est plus ; voici qu'il est revenu, riche de puissance, sous le nom de Gandalf le Blanc.

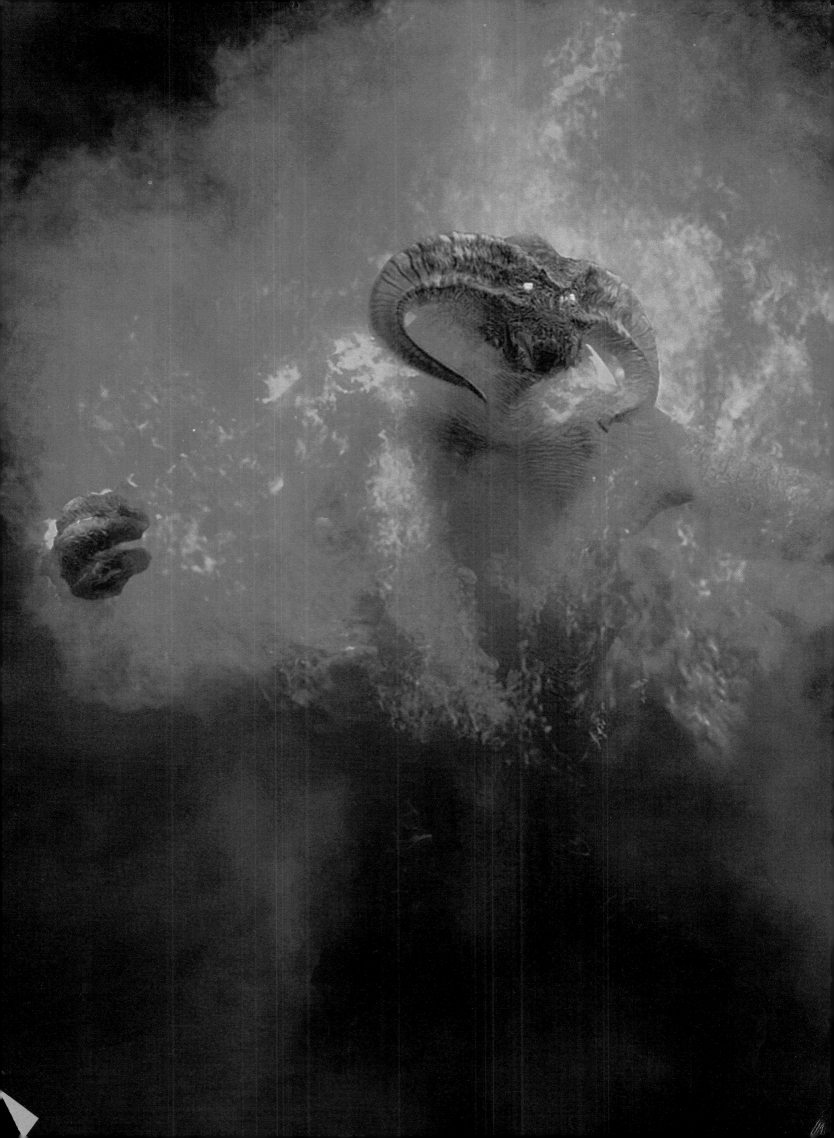

LE ROYAUME DE ROHAN

Au nord de Gondor s'étend le royaume de Rohan, connu de ses habitants sous le nom de Riddermark. Il est bordé à l'ouest par les Gués de l'Isen (Isengard, la forteresse du mage Saroumane, se dresse au-delà), par la rivière Limeclaire au nord, par l'Entallure qui sort de la Forêt de Fangorn à l'est, et par les Montagnes Blanches au sud. Les vastes plaines herbeuses du Riddermark s'étendent en tout sens comme un océan vert, et c'est là que depuis des géné-rations, les habitants de Rohan – les Rohirrim – élè-vent ces magnifiques chevaux qui les rendent célèbres dans toute la Terre du Milieu et qui leur ont valu le nom de « Seigneurs Chevaux ».

LES ROHIRRIM

« *Où sont maintenant le cheval et le cavalier ? Où est le cor qui sonnait ?*

Où sont le heaume et le haubert, et les brillants cheveux flottants ?

Où sont la main sur la corde de la harpe, et le grand feu rougeoyant ?

Où sont le printemps et la moisson et le blé haut croissant ?

Ils ont passé comme une pluie sur la montagne, comme un vent dans les prairies ;

Les jours sont descendus à l'ouest dans l'ombre derrière les collines. »

Les Seigneurs Chevaux de Rohan constituent un peuple fier et ancien de la race des Hommes. Beaux et graves de visage, ils sont d'esprit brave et généreux. Ils n'écrivent pas de livres, mais composent de nombreux chants célébrant leurs prouesses au combat ou les chevaux qu'ils élèvent. Par obligation, ils sont versés dans les arts de la guerre, car depuis qu'ils ont gagné leurs terres, ils ont dû les défendre de toutes parts – des pillages des Orques et des Uruk-hai (parvenus récemment jusqu'aux Gués de l'Isen, où ils blessèrent Théodred, héritier du Roi Théoden) ; des pirates d'Umbar au sud, des Sauvages et de Ceux du Pays de Dum qu'ils chassèrent jadis dans les collines ; et, surtout, de Mordor. Même s'ils ne sont pas ouvertement en guerre contre Mordor, ils sentent son ombre glacée s'étendre vers l'ouest, ce qui les fait s'inquiéter de la présence de tout étranger : de sorte que, quand Aragorn, Legolas et Gimli traversent leurs terres pour retrouver leurs compagnons, ils ne reçoivent pas l'accueil auquel ils s'attendaient.

Montés sur leurs beaux chevaux du Riddermark, les Cavaliers de Rohan portent des cottes de maille brunies qui leur tombent jusqu'aux genoux, de grandes lances de frêne et des écus peints accrochés dans le dos. Sous leurs heaumes décorés, leurs cheveux de lin sont longs et tressés.

36

LE ROI THÉODEN

« Théoden ne distingue plus l'ami de l'ennemi… pas même ceux de son sang. »

Jadis grand roi guerrier aimé de son peuple, les fiers Rohirrim, Seigneurs Chevaux de Rohan, Théoden est aujourd'hui effondré sur son trône dans la grande salle des fêtes de Meduseld : c'est un homme brisé, accablé par une vieillesse et une faiblesse prématurées. Dans sa jeunesse, il était grand et fier, fort et grave, car telle est la nature des hommes de la Marche, mais la tragédie s'abattit sur sa demeure, frappant d'abord son épouse, Elfhill, au moment où elle enfantait de son fils unique, Théodred ; puis le mari de sa sœur tomba devant les Orques, et son épouse, Théodwyn, sœur cadette et bien-aimée de Théoden, dépérit et mourut de chagrin, laissant derrière elle deux orphelins, Éomer et Éowyn. De ces deux enfants, Théoden aurait dû s'occuper comme un père, mais il était accablé par le deuil.

C'est alors que le mage Saroumane, dont les terres bordent celles de Rohan, profita de l'occasion et engagea un espion – Gríma, fils de Gálmód, plus connu sous le nom de « Langue de Serpent ». Pendant des années, Gríma s'immisça dans les pensées du Roi, l'emplissant de mauvais conseils et préparant la voie à Saroumane. L'armée d'Orques et d'Uruk-hai du mage pénètre toujours plus loin dans la Marche, mais Théoden ne cesse de s'enfoncer dans le désespoir et la torpeur, incapable de réagir contre ces incursions ou même d'en reconnaître le danger. Quand son neveu, Éomer, prévint le Roi contre Gríma, il se mit en colère et chassa le jeune homme, à la grande satisfaction de Langue de Serpent.

La guerre menace la population du Riddermark. L'influence de Mordor est sans cesse croissante ; les Sauvages, Ceux du Pays de Dum, les Orques et les Uruk-hai envahissent depuis l'ouest et tuent tous ceux qu'ils rencontrent. Rohan a plus que jamais besoin de son Roi : Théoden des Rohirrim doit être tiré de sa stupeur, reprendre les armes et mener son peuple à la bataille contre les forces du mal – sinon, c'en sera fini.

EDORAS

« D'or, également, sont les montants de ses portes. »

La ville principale du Riddermark a pour nom Edoras, la cour de Rohan, et elle est située au sommet d'un escarpement rocheux à l'abri des Montagnes Blanches. Une solide muraille et une palissade en bois l'entourent. Le Roi Théoden, Seigneur de Rohan, réside là, à Meduseld, la Salle Dorée, haute demeure du royaume, somptueuse salle des festins couverte d'or, semble-t-il ; ses piliers et ses poutres sont tous sculptés dans le style alambiqué des Rohirrim : une myriade de motifs, représentant des animaux entrelacés et des chevaux, montrent le respect que les Seigneurs Chevaux portent à leurs nobles montures.

GRÍMA LANGUE DE SERPENT

« Tu fus jadis un homme de Rohan... »

Gríma, fils de Gálmód, proche conseiller du Roi Théoden de Rohan, est un être blême, voûté et servile qui se vêt toujours de tuniques noires. Hormis le Roi, tous le connaissent mieux sous le nom de « Langue de Serpent » – car chacun, à l'exception du Seigneur de Rohan, le prend pour ce qu'il est : une vipère venimeuse dans le nid d'Edoras. Jour après jour, il a déversé des paroles traîtresses dans l'oreille de Théoden, sapant ainsi sa lucidité et sa volonté à gouverner, l'isolant de toutes les bonnes influences. Peut-être faut-il aussi imputer à Gríma la mort de Théodred, fils du Roi, ramené chez lui pour y être soigné après les terribles blessures reçues aux Gués de l'Isen. Il s'est même emparé de Herugrim, épée du Roi et symbole de sa puissance. Enfin, il a dressé Théoden contre tous ceux qui pourraient l'inciter à faire la guerre – en particulier son neveu, Éomer, Troisième Maréchal de la Marche.

Car Gríma est l'espion du mage Saroumane le Blanc, maître de la proche Isengard, introduit à la cour avec ordre d'affaiblir le Roi et de provoquer sa perte. Saroumane souhaite déstabiliser Rohan et a promis à son espion une récompense toute particulière quand, enfin, le royaume des Seigneurs Chevaux sera en sa possession : la belle Dame Éowyn.

« Depuis trop longtemps, tu la guettes,

et surveilles ses pas. »

ÉOMER

« Nous avons bien accueilli nos hôtes en des temps meilleurs,

mais ces temps-ci l'étranger arrivé inopinément nous trouve vifs et durs. »

Aragorn, Legolas et Gimli poursuivent les Uruk-hai qui ont fait prisonniers leurs compagnons, les Hobbits Merry et Pippin, et c'est ainsi qu'ils pénètrent sur les terres du Riddermark. Là, ils tombent sur un groupe farouche, celui des Cavaliers de Rohan. Leur capitaine est un homme grand, d'allure sévère, couvert d'un heaume et d'une cotte de mailles, et très armé. Son nom est Éomer, fils d'Éomund ; il est le Troisième Maréchal de la Marche, neveu de Théoden, Roi de Rohan. Avec ses hommes, et contre la volonté de son Seigneur – qui a écouté les conseils maléfiques de Gríma Langue de Serpent –, il chasse les Orques et tous ceux qui pourraient être des ennemis du royaume.

« Je ne sers que le Seigneur de la Marche, le Roi Théoden, fils de Thengel. »

Gríma, l'espion, a dressé le roi contre ceux qui pourraient le servir honnêtement : il a ainsi persuadé Théoden de voir dans son brave et fidèle neveu un traître immonde qui ne songerait qu'à son propre avancement.

« Mettez votre confiance en Éomer, plutôt

qu'en un homme à l'esprit malhonnête. »

Les yeux du Seigneur de la Marche pourraient toutefois se dessiller s'il était arraché à l'envoûtement félon dont il est victime depuis trop longtemps. Maintenant que les ennemis l'assaillent de toutes parts, le Roi Théoden doit comprendre qu'Éomer – beau soldat, vaillant guerrier, homme plein de sagesse – est exactement le type de héros dont le royaume de Rohan a besoin quand l'heure est grave.

ÉOWYN

« Vous êtes la fille de rois, le virginal bouclier de Rohan… »

É owyn, Dame de Rohan, est la fille d'Éomund, Maréchal de la Marche, tué au combat contre les Orques alors qu'elle était petite fille, et de la sœur du Roi Théoden, Théodwyn, morte de chagrin après la disparition de son époux. Le Roi Théoden a fait venir Éowyn et son frère aîné, Éomer, à Edoras, où il les a élevés comme ses propres enfants… jusqu'à ce qu'il tombe sous l'influence sinistre de Gríma Langue de Serpent et devienne prématurément infirme et sénile.

« Belle et fraîche, comme une matinée de pâle printemps… »

La population de Rohan est, par nature, farouche et grave, mais l'éducation d'Éowyn a lourdement pesé sur elle : elle a connu peu de plaisirs, et le rire ne lui vient pas facilement aux lèvres. Blonde, élancée, avec sa peau pâle et sa chevelure semblable à un fleuve d'or, elle est indéniablement très belle, mais elle a l'air froid et le regard aussi dur que l'acier trempé. Malgré cela, Gríma Langue de Serpent est subjugué par Éowyn ; et son maître, le mage Saroumane, la lui a promise quand le royaume de Rohan tombera entre ses mains. Le cœur d'Éowyn défaille toutefois quand elle pose les yeux sur le Seigneur Aragorn, héritier de rois – même s'il est promis à Arwen, la Dame de Fondcombe.

La Dame de Rohan porte une épée ancienne qu'elle manie aussi habilement qu'un homme. Bientôt, l'occasion lui sera donnée de s'en servir.

LES CHEVAUX DE RIDDERMARK

De génération en génération, les Hommes de Rohan élèvent des chevaux grands et forts, aux membres bien déliés, à la robe luisante, à la crinière et à la queue flottantes. Rapides et puissants, ces chevaux courent comme le vent. De grandes troupes parcouraient la partie orientale du Riddermark sous la surveillance de gardiens nomades, mais sous la menace croissante de Mordor, il fallut les ramener vers l'intérieur du pays.

GRIPOIL

Chef des Mearas, les plus grands chevaux de Rohan, et « seigneur de tous les chevaux », Gripoil connaît le langage des Hommes et peut même battre à la course les montures des Nazgûl. Sa robe gris argenté lui a valu son nom.

BRÉGO

Stille nu, faeste… Hwaet nemnath the ?
Holà, du calme… Comment t'appelle-t-on ?

Un bel étalon bai survécut à la bataille des Gués de l'Isen, où fut blessé son cavalier, le Seigneur Théodred, et regagna les écuries d'Edoras. Depuis, il a un comportement sauvage et ne se laisse approcher par qui que ce soit. Jusqu'au jour où Arathorn, fils d'Aragorn, lui parle dans sa propre langue et dans celle des elfes, car Aragorn vécut un temps à Fondcombe. Le cheval s'appelle Brégo, en l'honneur du deuxième Roi de Rohan, et un lien très fort va s'établir entre la monture et son cavalier : un lien qui se révélera utile à Aragorn quand les Orques attaqueront la petite troupe sur la route de Dunharrow.

L'ATTAQUE DE ROHAN

« *Il a pris des Orques à son service, ainsi que des Chevaucheurs de loups*
et de mauvais Hommes, et il a fermé à notre encontre la Trouée,
de sorte que nous serons sans doute assaillis de l'est et de l'ouest. »

Jadis, les vastes prairies de Rohan s'étendaient à l'infini comme un océan de verdure, et les Seigneurs Chevaux maintenaient leurs troupeaux et leurs étalons à l'est du royaume ; les gardiens menaient une paisible existence nomade, allant de pâturage en pâturage, de village en village. Mais depuis que l'ombre de Mordor s'est étendue sur cette région, la terre est vide et il y règne un silence de mauvais augure, un silence qui ne ressemble en rien au calme de la paix.

50

De l'ouest vient une autre menace. De par-delà la Trouée de Rohan, ce col qui unit les Montagnes Blanches aux Monts Brumeux et permet de pénétrer dans le royaume. La Trouée est gardée par la forteresse d'Isengard, siège de Saroumane le Blanc, qui se déclare depuis longtemps ami des Rohirrim et de leur Roi. Mais les Orques et les Uruk-hai n'ont cessé de passer par la Trouée pour faire des incursions dans Rohan. Ils ne sont pas les seuls : dans son intérêt, semble-t-il, Saroumane a exhorté les vieux ennemis de Rohan – les Sauvages et Ceux du Pays de Dun, chassés jadis de leurs terres et relégués dans les collines – à prendre les armes et à se joindre à son abominable cohorte.

« Ils ne viennent pas détruire les champs ou les villages de Rohan – ils viennent en détruire la population… jusqu'au dernier enfant. »

Le territoire de Rohan est attaqué : les villages sont rasés, les maisons incendiées ; hommes, femmes et enfants sont massacrés dans leur fuite. Les guerriers Rohirrim tentent de retenir les forces du mal et de défendre leur peuple, mais ils ne sont pas assez nombreux. Théodred, fils de Théoden, fut blessé à la bataille des Gués de l'Isen, et nombre de ses hommes y laissèrent la vie. À présent, les survivants de ses conflits et des milliers de réfugiés doivent fuir vers Dunharrow et chercher refuge dans le bastion inexpugnable du Gouffre de Helm.

51

LES CHEVAUCHEURS DE WARG

Pendant le Troisième Âge de la Terre du Milieu, les Wargs de Rhovanion ont fait alliance avec les Orques des Monts Brumeux. Quand Saroumane le Blanc entreprit de constituer une armée à partir des innombrables ennemis des Peuples libres de la Terre du Milieu, les Wargs et leurs alliés, les Orques, descendirent des montagnes pour consolider les forces du mage.

La grande taille des Wargs – au moins aussi grands que les chevaux de Rohan – fait que les Orques avaient pour habitude de les monter pour livrer combat. Les Wargs sont des chasseurs aussi brutaux que malveillants, capables de traquer inlassablement leurs proies. Ils représentent donc une terrible menace pour quiconque traverse sans défense les plaines de Rohan.

LE CHOIX D'ARWEN

« J'ai lu dans ton avenir, et j'ai vu la mort. »

Des milliers d'années avant les événements qui se déroulent aujourd'hui, une jeune Elfe et un mortel se rencontrèrent, tombèrent amoureux et se jurèrent fidélité en dépit de tout ce qui pouvait séparer leurs races. Ils avaient pour nom Lúthien et Beren.

Beren était un héros parmi les hommes, un fils de la maison de Barahir. Un jour, dans la forêt de Neldoreth, il vit une silhouette qui dansait, si belle qu'il en fut sidéré. C'était Lúthien, fille de Thingol, de la race éternelle des Elfes ; dès cet instant, Beren ne connut plus le bonheur. Il savait qu'elle devrait abandonner son peuple pour vivre avec lui, mais qu'il lui faudrait également renoncer à son immortalité.

Au Troisième Âge de la Terre du Milieu, un autre mortel rencontra par hasard une jeune Elfe dans les bois de Fondcombe : elle était, pour son époque, la plus belle de toutes les créatures ; elle s'appelait Arwen, descendante de Lúthien. Comme Beren, l'homme qui l'observait était lui aussi condamné à l'aimer dès le premier instant. C'était Aragorn, fils d'Arathorn, et il était issu de la lignée de Beren, en gage de quoi il portait l'Anneau de Barahir. Aragorn ignorait que cette demoiselle était la fille d'Elrond, qui l'avait élevé à Fondcombe depuis qu'il était enfant. Pendant toutes ces années où Aragorn avait vécu à Fondcombe, Arwen s'était trouvée en Lothlórien en compagnie de Dame Galadriel, la mère de sa mère.

Bien qu'il eût conscience de l'amour qui unissait Aragorn et Arwen, le Seigneur Elrond refusa leur engagement : car sa fille avait pour destin de quitter le monde des hommes et de se rendre avec lui dans les Terres Éternelles, où ils vivraient à tout jamais. Aragorn, quant à lui, devait assumer entièrement un autre destin : combattre les forces du mal pendant la Guerre de l'Anneau et terminer sa vie de mortel en Terre du Milieu.

L'amour entre Aragorn et Arwen est l'équivalent de l'affinité qui unit les Hommes et les Elfes : car l'un et l'autre ne tiennent qu'à un fil, en cette phase du Troisième Âge où plane l'Ombre sinistre.

LE GOUFFRE DE HELM

Le Gouffre de Helm – ainsi nommé en l'honneur de Helm Poing de Marteau, héros des temps anciens qui trouva refuge ici – se situe au creux d'une gorge qui serpente sous la triple cime du Thrihyrne, dans la partie nord des Montagnes Blanches. Ce fut longtemps le centre défensif de l'Ouestfolde, et les Rois de Rohan ont, au fil des siècles, construit dans la gorge un immense système de fortification, apparemment imprenable, riche en murailles et en donjons.

« Aucune armée n'a jamais assiégé le Mur du Gouffre ni pénétré dans le Fort le Cor.

Pas tant que les Hommes de Rohan le défendent… »

L'entrée du Gouffre est commandée par la Porte de Helm, grand portail de bois corrompu par les années, posée sur un gros éperon rocheux : c'est là la structure impressionnante de Fort le Cor, ce donjon aux murs épais qui aurait été édifié par des mains de géants à l'époque des rois de la mer de Gondor. Du donjon à la Porte de Helm s'étend le Mur du Gouffre, grande muraille aussi large que quatre hommes marchant de front. Abritée par un grand parapet, on y accède par des escaliers qui prennent naissance dans la cour extérieure de Fort le Cor ; trois étages partent du Gouffre situé derrière, mais la surface extérieure est lisse et impossible à escalader. Sous le Mur, la Chaussée de Helm s'allonge sur environ deux kilomètres : ce vaste ouvrage défensif est seulement coupé par un ruisseau qui passe sous un large ponceau.

« Le bras de Saroumane se sera bien allongé s'il croit pouvoir nous atteindre ici. »

Sous le Gouffre de Helm se trouvent les Cavernes Étincelantes d'Aglarond, spectaculaire réseau souterrain qui constitue l'une des merveilles naturelles de la Terre du Milieu : en cas d'attaque contre le royaume de Rohan, c'est un havre de paix idéal.

AVANT LA BATAILLE

Écrasés en nombre par une horde de dix mille Orques et Uruk-hai en marche vers Isengard, les derniers membres de la Communauté et leurs camarades doivent se préparer à l'attaque ennemie en endossant leurs armures et en fourbissant leurs armes. Même si la Gorge de Helm s'est révélée inexpugnable au cours des précédents conflits, ses portes sont aujourd'hui vermoulues, et ses défenseurs peu nombreux. Les chances des habitants de Rohan et de leurs alliés sont bien minces : peu importe leur vaillance, triompher leur est impossible.

« Je suis du monde des Hommes, et ceux-ci sont les miens : je mourrai comme l'un d'eux… »

Sur sa tunique, Aragorn passe une cotte de mailles à manches courtes, et il recouvre ses avant-bras des protections en cuir ouvragé jadis portées par Boromir de Gondor. Son épée est aiguisée. Legolas, prince des Elfes de la Forêt Noire, endosse son armure pour la première fois de sa vie. Il porte à la ceinture deux poignards blancs, mortels, son arc de guerre elfique et le carquois orné de paons qui lui fut donné par Dame Galadriel en Lothlórien. Le Nain guerrier, Gimli, fils de Glóin, est protégé par

son armure en cuir et son impressionnant casque métallique ; il porte aussi cinq redoutables haches de combat.

« *Debout, maintenant, debout,*

Cavaliers de Théoden !

De funestes forfaits se déchaînent,

sombre est l'orient.

Que les chevaux soient bridés,

que le cor retentisse.

En avant, Eorlingas ! »

Le Roi Théoden de Rohan a revêtu la panoplie de guerre des Rohirrim, dont un heaume à crête de cheval, un pectoral gravé et une cotte de mailles. Il porte sa grande épée Herugrim. À ses côtés, la Garde Royale de Rohan, menée par Gamling, est vêtue de même.

Quelques centaines de réfugiés à peine, chassés de leurs villages par les Orques et les Sauvages, ont réussi à atteindre le Gouffre de Helm. On se hâte de les équiper dans l'arsenal de Fort le Cor ; ce ne sont que des vieillards et des jeunes gens non aguerris, mais tous sont prêts à mourir pour défendre leur royaume, même si l'ennemi est bien supérieur en nombre et que leur sort semble déjà écrit.

Femmes et enfants se réfugient dans les Cavernes Étincelantes, où ils seront défendus par Éowyn, la vierge guerrière de Rohan.

Le ciel s'assombrit. L'orage menace…

LES ELFES ET LES HOMMES

« Le monde change. Je l'ai senti dans l'eau. Je l'ai senti dans la terre

et je le sens dans l'air. Notre temps s'achève… »

Les Elfes ont combattu pour la dernière fois aux côtés des Hommes à la bataille de Dagorlad, qui a entraîné la chute de Sauron et mis un terme au Deuxième Âge. C'est désormais le Troisième Âge, et Sauron a patiemment reconstruit sa force et ses armées tandis que les Elfes ont vu diminuer leur nombre et s'amenuiser leur influence sur les peuples de la Terre du Milieu. Ils ont été de plus en plus nombreux à abandonner ce monde de tristesse, déchiré par la guerre, et à franchir la mer pour gagner les Terres Éternelles, où ils pourront jouir enfin de leur immortalité.

62   *« Aux temps anciens, notre peuple se tenait aux côtés du Roi de Gondor… »*

Pour bien des membres de la race des Elfes, les affaires des Hommes sont devenues plus que lointaines : elles appartiennent à l'histoire, pour ne pas dire à la légende. Depuis qu'Isildur a arraché l'Anneau de la main du Seigneur des Ténèbres à Dagorlad et a lui-même été corrompu par sa puissance, trois mille ans se sont écoulés, et la lignée de Gondor s'est affaiblie. On sait peu de choses de la capacité de l'héritier d'Isildur, Aragorn, à unir les peuples de la Terre du Milieu, et certains Elfes ne font plus confiance à la force des Hommes. De même, le sort de Frodo et son combat pour détruire l'Anneau ne les touchent pas réellement : même avec la meilleure des intentions, une telle démonstration de courage ne peut aboutir à rien.

Mais à moins que l'œil de Sauron ne soit distrait par la bataille qui va se livrer au Gouffre de Helm, son attention va de nouveau se porter sur la découverte et la capture du Porteur de l'Anneau ; et si le Seigneur des Ténèbres entre à nouveau en possession de l'Anneau Unique, sa puissance sera absolue et son ombre s'étendra sur toute la Terre du Milieu. Ils sont toutefois si peu à affronter la vaste armée d'Orques qui déferle sur le Gouffre de Helm que, sans l'intervention et l'alliance des Elfes, sa distraction sera certainement aussi brève que fatale.

Elrond, Seigneur de Fondcombe, Dame Galadriel et le Seigneur Celeborn de la Forêt d'Or, ainsi que leur capitaine, Haldir des Elfes des Bois, doivent débattre longuement afin d'agir pour le mieux. De leur décision risque de dépendre la réussite ou l'échec de toute l'entreprise.

63

« Nous avons vu trop de défaites, trop de victoires vaines, pour faire à nouveau confiance à la force des Hommes. »

L'ENNEMI

Za dashu snaku Zigur, Durgbu nazgshu, Durgbu dashshu !

Salut, Sauron, Seigneur des Anneaux, Seigneur de la Terre !

Les défenseurs du Gouffre de Helm doivent affronter les dix mille membres d'une armée composée d'Orques, à pied ou montés sur des Wargs – bêtes formidables ressemblant à des loups géants –, et de Sauvages venus du Pays de Dun. Mais les plus terribles de tous sont assurément les Uruk-hai, des Orques que le mage Saroumane a croisés avec des Gobelins dans les cavernes dissimulées sous Isengard. Il y a parmi eux des légions d'arbalétriers, d'archers et surtout de guerriers monstrueux et déments, apparemment insensibles à la douleur et à la peur, chargés de mener l'assaut contre le Gouffre de Helm.

« C'est une armée réunie dans un but unique : détruire le monde des Hommes. »

Remerciements

Mes plus vifs remerciements aux personnes suivantes pour leur aide et leur soutien :
Jeremy Bennett, Hannah Bianchini, Jan Blenkin, Philippa Boyens, David Brawn, Terence Caven, Claire Cooper, John Howe, David Imhoff, Peter Jackson, Alan Lee, Erin O'Donnell, Mark Ordesky, Barry Osborne, Chris Smith, Fran Walsh

Et particulièrement à Viggo Mortensen pour son magnifique texte d'introduction.

HarperCollins*Publishers*
77–85 Fulham Palace Road,
Hammersmith, Londres W6 8JB
www.tolkien.co.uk

Publié par HarperCollins*Publishers* 2002

Texte © Jude Fisher 2002

Photographies, Photos de plateau, Extraits de scénario, Logos du film

Titre original : *The Two Towers Visual Companion*
Traduit de l'anglais par Jacques Guiod

Ce livre est publié avec l'accord de Christian Bourgois,
éditeur du *Seigneur des Anneaux* de J.R.R. Tolkien en langue française.

© Le Pré aux Clercs pour la traduction française, 2002
ISBN : 2.84228.150.0
N° d'éditeur : 156
www.lepreauxclercs.com

Le Seigneur des Anneaux : Les Deux Tours
est un livre du film *Les Deux Tours* et n'est pas
publié avec l'accord des ayants-droits de feu J.R.R. Tolkien.
Les extraits des dialogues sont tirés du film, pas du roman.

Le Seigneur des Anneaux et l'ensemble de ses volumes,
La Communauté de l'Anneau, Les Deux Tours et *Le Retour du Roi,*
sont publiés par HarperCollins*Publishers* sous licence
de The Trustees of The J.R.R. Tolkien 1967 Settlement.

Jude Fisher est reconnue comme étant l'auteur de cet ouvrage.

Photographies : Pierre Vinet & Chris Coad
Rédacteur en chef : Chris Smith
Maquette : Terence Caven
Production : Arjen Jansen

Photocomposition : Nord Compo
Imprimé et relié en Belgique
par Proost NV, Turnhout.